Impressum
Verlag: BABADADA GmbH, Nedderfeld 112 , 22529 Hamburg
Geschäftsführer / Verlagsleitung: Harald Hof
Druck: Books on Demand GmbH, In de Tarpen 42, 22848 Norderstedt

Imprint
Publisher: BABADADA GmbH, Nedderfeld 112 , 22529 Hamburg, Germany
Managing Director / Publishing direction: Harald Hof
Print: Books on Demand GmbH, In de Tarpen 42, 22848 Norderstedt

Szkoła

l'école

Sala lekcyjna
la salle de classe

dzielić
diviser

186/2

Tablica
le tableau noir

Dziedziniec szkolny
la cour (de récréation)

Nauczyciel
le professeur

Papier
le papier

pisać
écrire

Pisak
le stylo

Biurko
le bureau

Liniał
la règle

Książka
le livre

Uczeń
l'élève

Plecak szkolny

Plecak szkolny

le cartable

Piórnik

la trousse

Ołówek

le crayon

Temperówka

le taille-crayon

Gumka do mazania

la gomme

Blok rysunkowy

le carnet à dessin

Rysunek

le dessin

Pędzel

le pinceau

Pudełko z akwarelami

la boîte de peinture

Nożyce

les ciseaux

Klej

la colle

Książka do ćwiczenia

le cahier d'exercices

Zadanie domowe

les devoirs

Liczba

le chiffre

2+2

dodawać

additionner

odejmować

soustraire

mnożyć

multiplier

liczyć

calculer

Litera

la lettre

ABCDEFG
HIJKLMN
OPQRSTU
VWXYZ

Alfabet

l'alphabet

Słowo

le mot

Tekst

le texte

czytać

lire

Kreda

la craie

Godzina

la leçon

Dziennik lekcyjny

le livre de classe

Egzamin

l'examen

Świadectwo

le certificat

Mundurek szkolny

l'uniforme scolaire

Wykształcenie

la formation

Leksykon

le lexique

Uniwersytet

l'université

Mikroskop

le microscope

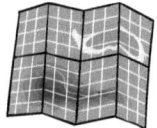

Mapa

la carte

Kosz na odpadki

la corbeille à papier

Podróż
le voyage

Hotel
l'hôtel
Grand
Schronisko
l'auberge
ROOMS
CHANGE
Kantor wymiany walut
le bureau de change
Walizka
la valise
Auto
la voiture

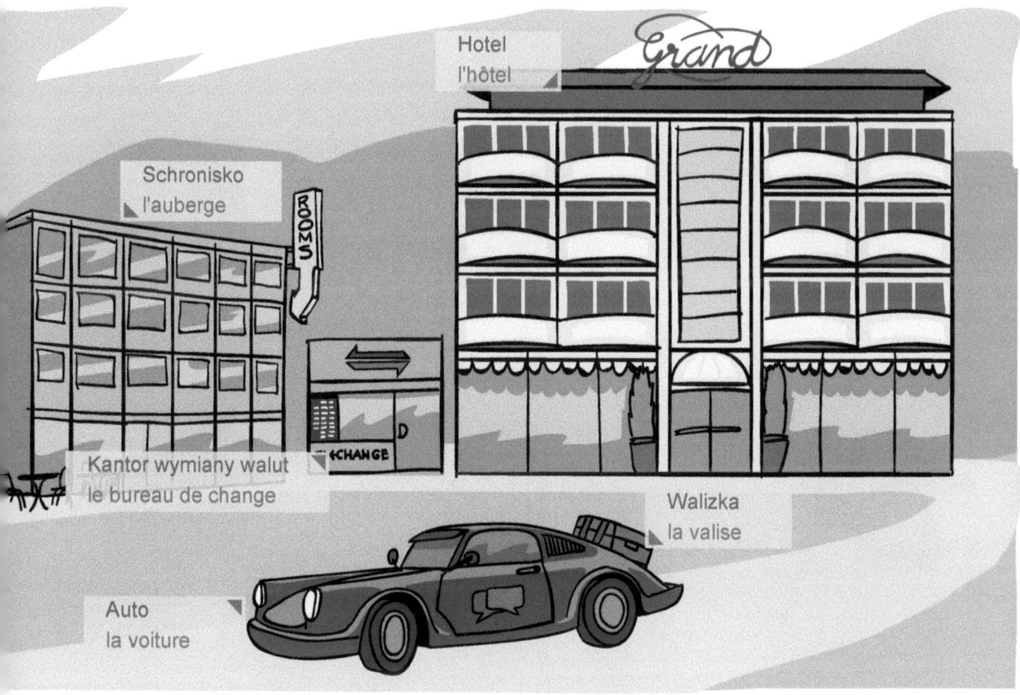

Język
la langue

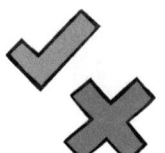

tak / nie
oui / non

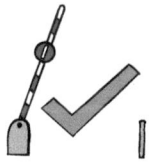

OK
d'accord

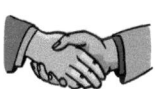

Halo
Salut

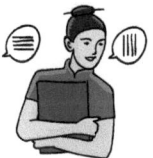

Tłumacz
l'interprète

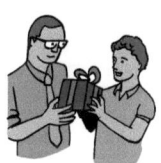

Dziękuję
merci

Ile kosztuje ...?

Combien coûte...?

Nie rozumiem

Je ne comprends pas

Problem

le problème

Dobry wieczór!

Bonsoir !

Dzień dobry!

Bonjour !

Dobranoc!

Bonne nuit !

Do widzenia

Au revoir

Kierunek

la direction

Bagaż

les bagages

Torba

le sac

Plecak

le sac-à-dos

Gość

l'hôte

Pokój

la pièce

Śpiwór

le sac de couchage

Namiot

la tente

Informacja turystyczna
l'office de tourisme

Plaża
la plage

Karta kredytowa
la carte de crédit

Śniadanie
le petit-déjeuner

Obiad
le déjeuner

Kolacja
le dîner

Bilet
le billet

Winda
l'ascenseur

Znaczek na list
le timbre

Granica
la frontière

Cło
la douane

Ambasada
l'ambassade

Wiza
le visa

Paszport
le passeport

Transport
le transport

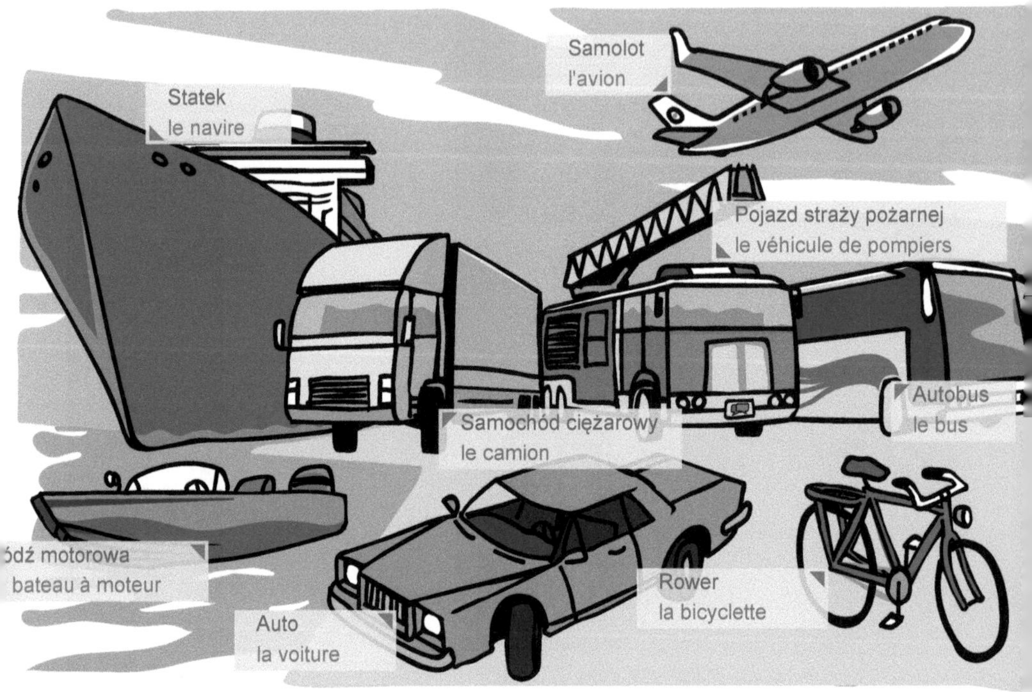

Samolot
l'avion
Statek
le navire
Pojazd straży pożarnej
le véhicule de pompiers
Autobus
le bus
Samochód ciężarowy
le camion
ódź motorowa
bateau à moteur
Rower
la bicyclette
Auto
la voiture

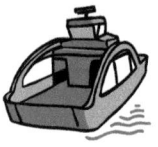

Prom

le ferry

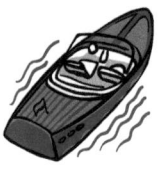

Łódź

la barque

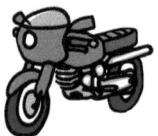

Motocykl

la moto

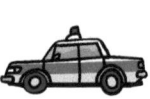

Radiowóz policyjny

la voiture de police

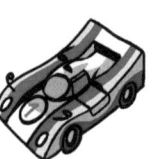

Samochód wyścigowy

la voiture de course

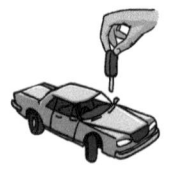

Samochód wypożyczony

la voiture de location

Wspólne przejazdy
samochodem
....
l'auto-partage

Samochód pomocy
drogowej
....
la voiture de remorquage

Śmieciarka
....
la benne à ordures

Silnik
....
le moteur

Benzyna
....
l'essence

Stacja benzynowa
....
la station d'essence

Znak drogowy
....
le panneau indicateur

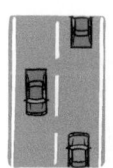

Ruch
....
le trafic

Korek
....
l'embouteillage

Parking
....
le parking

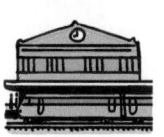

Dworzec
....
la gare

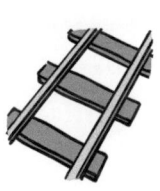

Szyny
....
les rails

Pociąg
....
le train

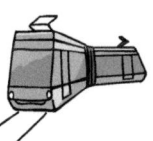

Tramwaj
....
le tramway

Wagon
....
le wagon

Helikopter

l'hélicoptère

Lotnisko

l'aéroport

Wieża

la tour

Pasażer

le passager

Kontener

le conteneur

Karton

le carton

Taczka

le chariot

Kosz

la corbeille

startować / lądować

décoller / atterrir

Miasto

la ville

Wieś

le village

Centrum miasta

le centre-ville

Dom

la maison

Kino
le cinéma

Reklama
la publicité

Latarnia uliczna
le réverbère

CINEMA

Ulica
la rue

Taksówka
le taxi

Pieszy
le piéton

Kiosk
le kiosque

Chodnik
le trottoir

Pasy dla pieszych
le passage piéton

Kubeł na śmieci
la poubelle

Skrzyżowanie
le carrefour

Lampa
les feux de circulation

Chata

la cabane

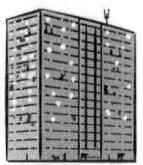

Mieszkanie

l'appartement

Dworzec

la gare

Ratusz

la mairie

Muzeum

le musée

Szkoła

l'école

Miasto - la ville

Uniwersytet

l'université

Bank

la banque

Szpital

l'hôpital

Hotel

l'hôtel

Apteka

la pharmacie

Biuro

le bureau

Księgarnia

la librairie

Sklep

le magasin

Kwiaciarnia

le fleuriste

Supermarket

le supermarché

Rynek

le marché

Dom towarowy

le grand magasin

Sklep z rybami

la poissonnerie

Centrum handlowe

le centre commercial

Port

le port

Park

le parc

Ławka

la banque

Most

le pont

Schody

les escaliers

Metro

le métro

Tunel

le tunnel

Przystanek autobusowy

l'arrêt de bus

Bar

le bar

Restauracja

le restaurant

Skrzynka na listy

la boîte à lettres

Tabliczka z nazwą ulicy

le panneau indicateur

Parkometr

le parcmètre

Zoo

le zoo

Łaźnia

le réverbère

Meczet

la mosquée

Gospodarstwo chłopskie

la ferme

Zanieczyszczenie środowiska

la pollution

Cmentarz

la cimetière

Kościół

l'église

Plac zabaw

l'aire de jeux

Świątynia

le temple

Krajobraz
le paysage

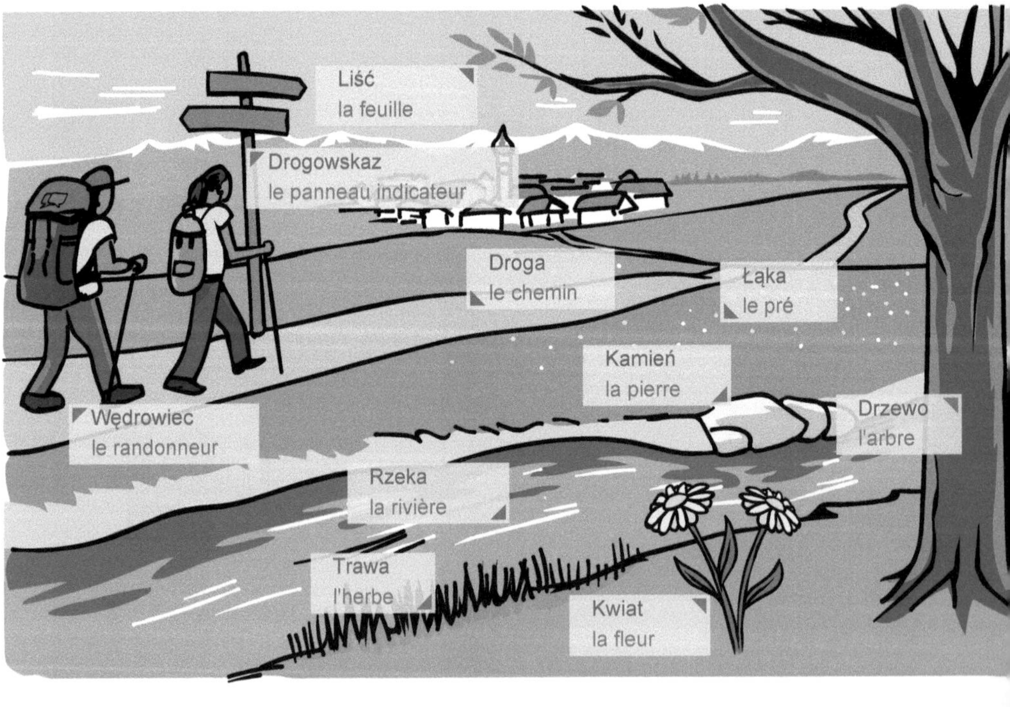

Liść
la feuille

Drogowskaz
le panneau indicateur

Droga
le chemin

Łąka
le pré

Kamień
la pierre

Drzewo
l'arbre

Wędrowiec
le randonneur

Rzeka
la rivière

Trawa
l'herbe

Kwiat
la fleur

Dolina
la vallée

Góra
la montagne

Jezioro
le lac

Las
la forêt

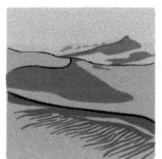

Pustynia
le désert

Wulkan
le volcan

Zamek
le château

Tęcza
l'arc-en-ciel

Grzyb
le champignon

Palma
le palmier

Komar
le moustique

Mucha
la mouche

Mrówka
les fourmis

Pszczoła
l'abeille

Pająk
l'araignée

Chrząszcz

le coléoptère

Żaba

la grenouille

Wiewiórka

l'écureuil

Jeż

le hérisson

Zając

le lièvre

Sowa

la chouette

Ptak

l'oiseau

Łabędź

le cygne

Dzik

le sanglier

Jeleń

le cerf

Łoś

l'élan

Tama

le barrage

Wiatrak

l'éolienne

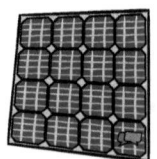

Moduł solarny

le panneau solaire

Klimat

le climat

Restauracja
le restaurant

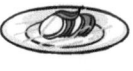

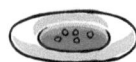

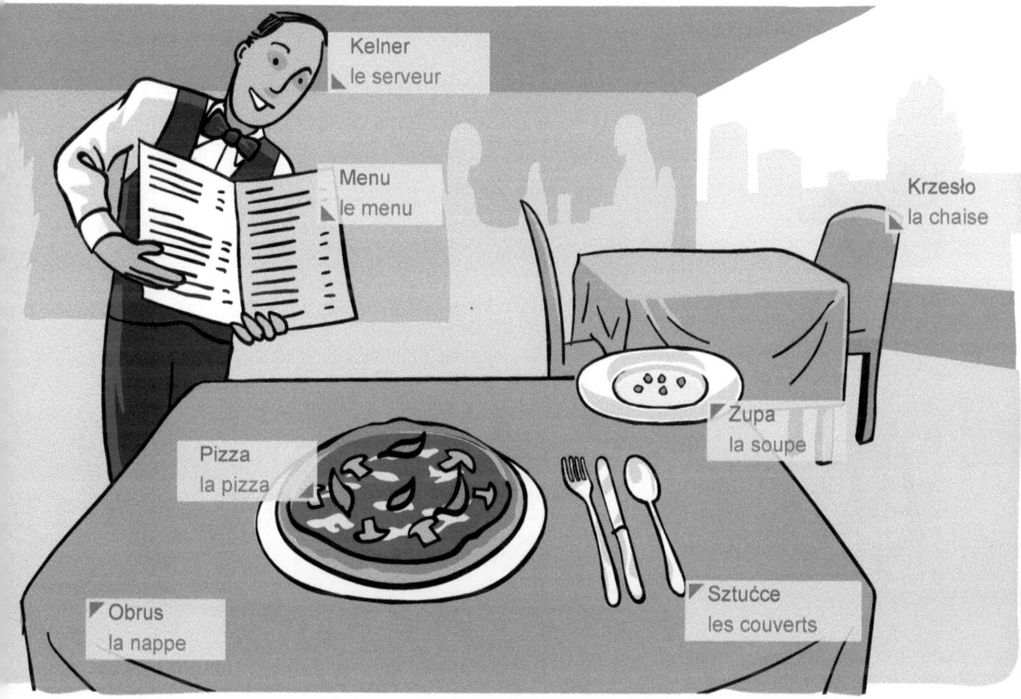

Kelner
le serveur
Menu
le menu
Krzesło
la chaise
Zupa
la soupe
Pizza
la pizza
Sztućce
les couverts
Obrus
la nappe

Przystawka

les hors d'œuvre

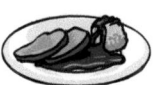

Danie główne

le plat principal

Deser

le dessert

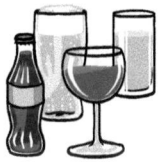

Napoje

les boissons

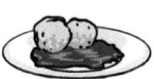

Jedzenie

l'alimentation

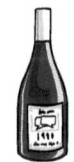

Butelka

la bouteille

Fastfood

le fast-food

Streetfood

les plats à emporter

Dzbanek na herbatę

la théière

Cukierniczka

le sucrier

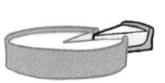

Porcja

la portion

Zaparzarka do espresso

la machine à expresso

Krzesło dla dziecka

la chaise haute

Rachunek

la facture

Taca

le plateau

Noż

le couteau

Widelec

la fourchette

Łyżka

la cuillère

Łyżeczka

la cuillère à thé

Serwetka

la serviette

Szklanka

le verre

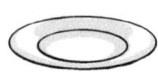

Talerz
l'assiette

Talerz do zupy
l'assiette à soupe

Podstawek pod filiżankę
la soucoupe

Sos
la sauce

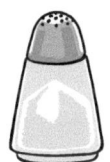

Solniczka
la salière

Młynek do pieprzu
le moulin à poivre

Ocet
le vinaigre

Olej
l'huile

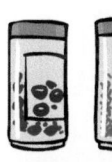

Przyprawy
les épices

Keczup
le ketchup

Musztarda
la moutarde

Majonez
la mayonnaise

Supermarket
le supermarché

Oferta
l'offre promotionnelle
FOR
Klient
le client
Produkty mleczne
les produits laitiers
Owoce
les fruits
Wózek sklepowy
le chariot

BUTCHERS

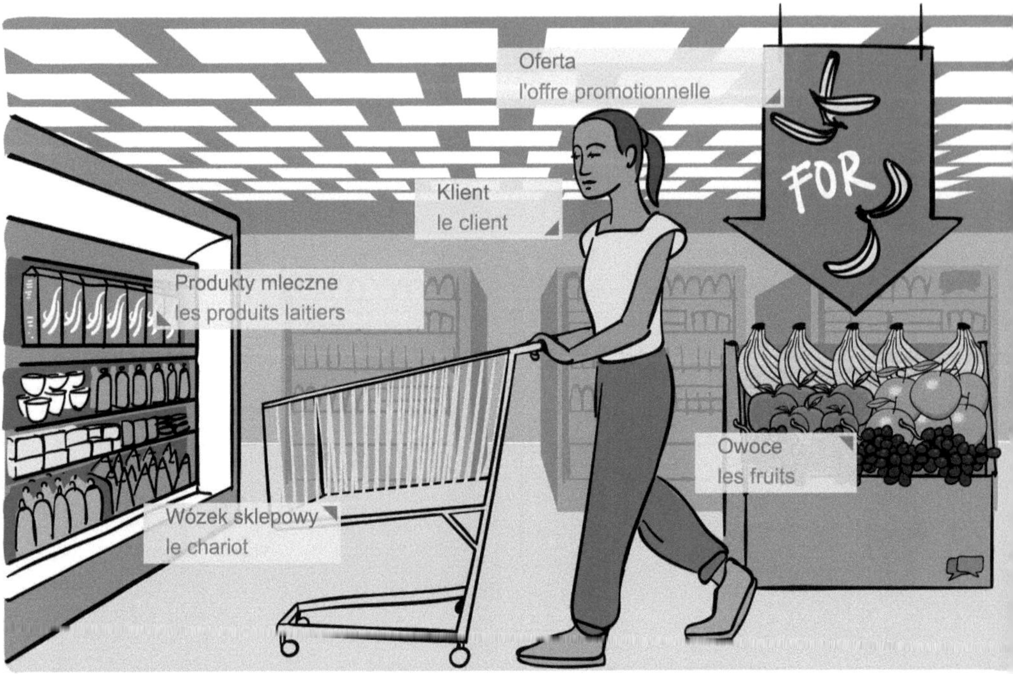

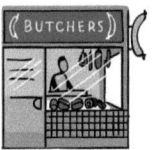

Rzeźnia

la boucherie

BAKERY

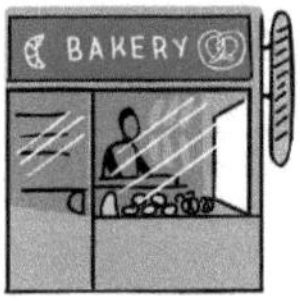

Piekarnia

la boulangerie

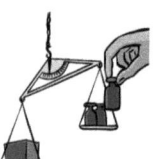

ważyć

peser

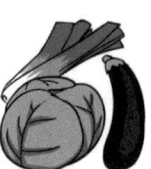

Warzywa

les légumes

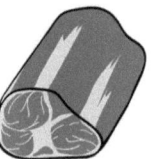

Mięso

la viande

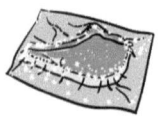

Mrożonki

les aliments surgelés

Wędliny

la charcuterie

Konserwy

les conserves

Proszek m do prania

la poudre à lessive

Słodycze

les bonbons

Artykuły użytku domowego

les articles ménagers

Środek czyszczący

les détergents

Sprzedawczyni

la vendeuse

Kasa

la caisse

Kasjer

le caissier

Lista zakupów

la liste d'achats

Godziny otwarcia

les heures d'ouverture

Portfel

le portefeuille

Karta kredytowa

la carte de crédit

Torba

le sac

Torebka plastikowa

le sac en plastique

les boissons

Woda

l'eau

Sok

le jus de fruit

Mleko

le lait

Cola

le coca

Wino

le vin

Piwo

la bière

Alkohol

l'alcool

Kakao

le chocolat chaud

Herbata

le thé

Kawa

le café

Espresso

l'expresso

Cappuccino

le cappuccino

Banan

la banane

Jabłko

la pomme

Pomarańcza

l'orange

Arbuz

le melon

Cytryna

le citron.

Marchew

la carotte

Czosnek

l'ail

Bambus

le bambou

Cebula

l'oignon

Grzyb

le champignon

Orzechy

les noisettes

Makaron

les pâtes

Spaghetti

les spaghetti

Ryż

le riz

Sałatka

la salade

Frytki

les pommes frites

Ziemniaki pieczone

les pommes de terre rôties

Pizza

la pizza

Hamburger

le hamburger

Kanapka

le sandwich

Sznycel

l'escalopo

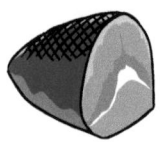

Szynka

le jambon

Salami

le salami

Kiełbasa

la saucisse

Kura

le poulet

Pieczeń

le rôti

Ryba

le poisson

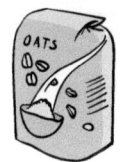

Płatki owsiane

les flocons d'avoine

Musli

le muesli

Płatki kukurydziane

les cornflakes

Mąka

la farine

Croissant

le croissant

Bułka

les petits-pains

Chleb

le pain

Toast

le pain grillé

Ciastka

les biscuits

Masło

le beurre

Twarożek

le fromage blanc

Ciasto

le gâteau

Jajko

l'œuf

Jajko sadzone

l'œuf au plat

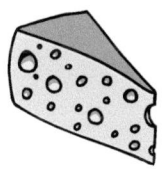

Ser

le fromage

Lody

la glace

Cukier

le sucre

Miód

le miel

Marmolada

la confiture

Krem nugatowy

la crème nougat

Curry

le curry

Gospodarstwo chłopskie
la ferme

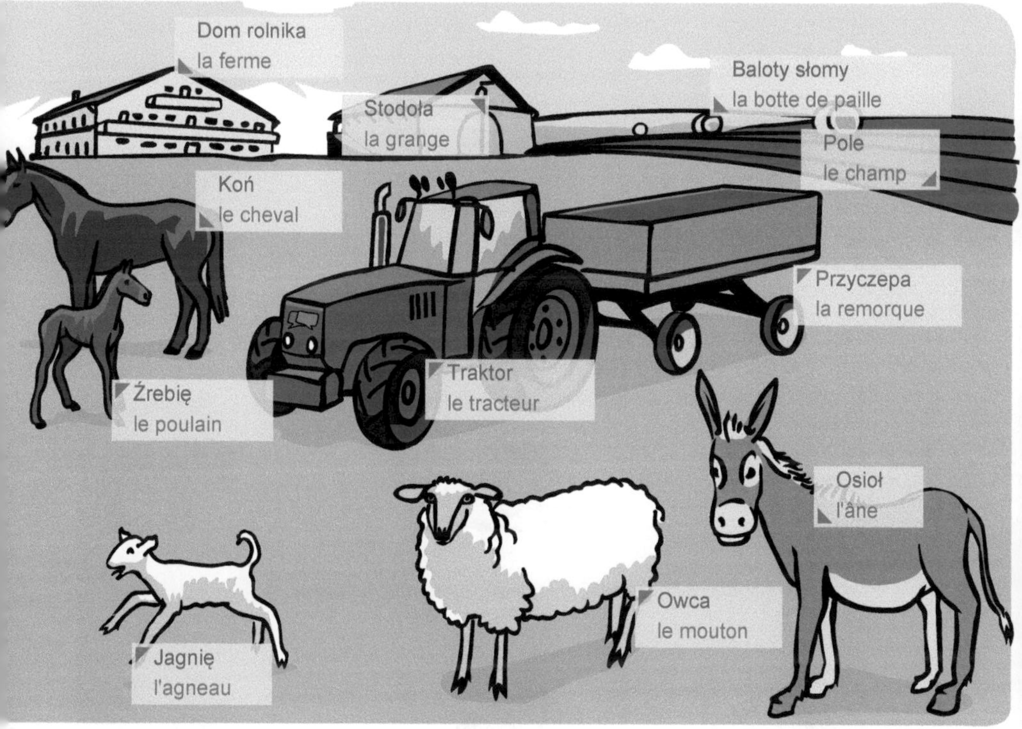
Dom rolnika
la ferme
Stodoła
la grange
Baloty słomy
la botte de paille
Pole
le champ
Koń
le cheval
Przyczepa
la remorque
Traktor
le tracteur
Źrebię
le poulain
Osioł
l'âne
Owca
le mouton
Jagnię
l'agneau

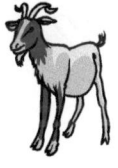

Koza

la chèvre

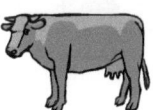

Krowa

la vache

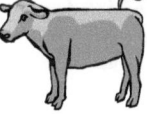

Cielę

le veau

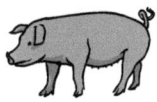

Świnia

le porc

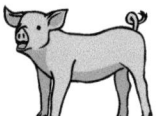

Prosię

le porcelet

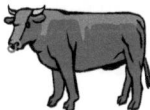

Byk

le taureau

Gęś

l'oie

Kaczka

le canard

Kurczątko

le poussin

Kura

la poule

Kogut

le coq

Szczur

le rat

Kot

le chat

Mysz

la souris

Osioł

le bœuf

Pies

le chien

Buda dla psa

le chenil

Wąż ogrodowy

le tuyau de jardin

Konewka

l'arrosoir

Kosa

la faucheuse

Pług

la charrue

Sierp

la faucille

Graca

la pioche

Widły

la fourche

Siekiera

la hache

Taczka

la brouette

Koryto

la cuve

Kanka na mleko

le pot à lait

Worek

le sac

Płot

la clôture

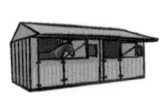

Stajnia

l'étable

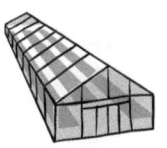

Szklarnia

le serre

Ziemia

le sol

Nasiona

les semences

Nawóz

l'engrais

Kombajn zbożowy

la moissonneuse-batteuse

zbierać

récolter

Żniwa

la récolte

Podchrzyn

l'igname

Pszenica

le blé

Soja

le soja

Ziemniak

la pomme de terre

Kukurydza

le maïs

Rzepak

le colza

Drzewo owocowe

l'arbre fruitier

Maniok

le manioc

Zboże

les céréales

Dom
la maison

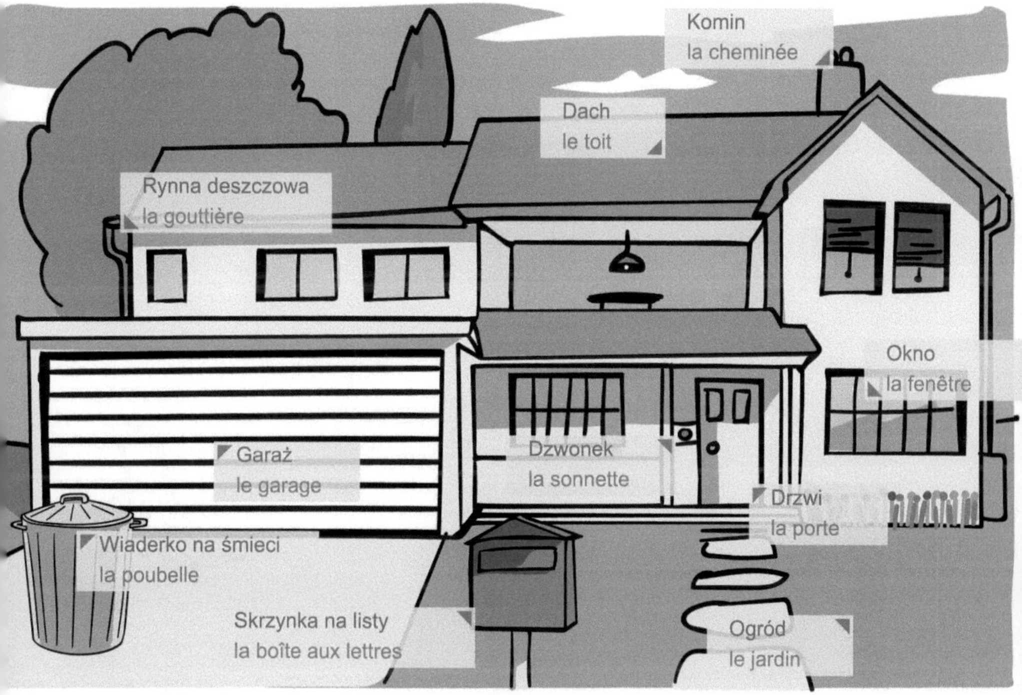

Komin
la cheminée
Dach
le toit
Rynna deszczowa
la gouttière
Okno
la fenêtre
Garaż
le garage
Dzwonek
la sonnette
Drzwi
la porte
Wiaderko na śmieci
la poubelle
Skrzynka na listy
la boîte aux lettres
Ogród
le jardin

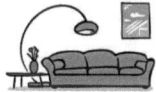

Pokój dzienny

le salon

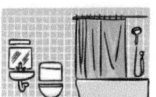

Łazienka

la salle de bain

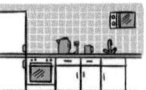

Kuchnia

la cuisine

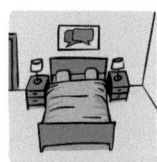

Sypialnia

la chambre à coucher

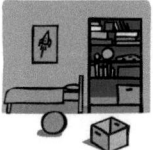

Pokój dziecięcy

la chambre d'enfant

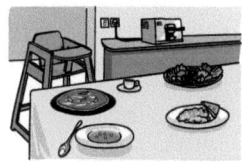

Jadalnia

la salle à manger

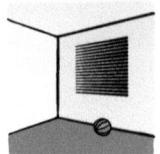

Ziemia

le sol

Ściana

le mur

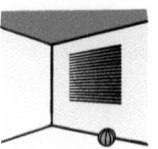

Koc

le plafond

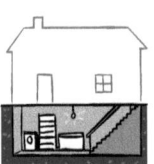

Piwnica

la cave

Sauna

le sauna

Balkon

le balcon

Taras

la terrasse

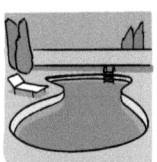

Basen

la piscine

Kosiarka do trawy

la tondeuse à gazon

Poszwa

la housse

Kołdra

la couette

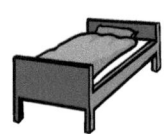

Łóżko

le lit

Miotła

le balai

Wiadro

le sceau

Włącznik

l'interrupteur

Pokój dzienny
le salon

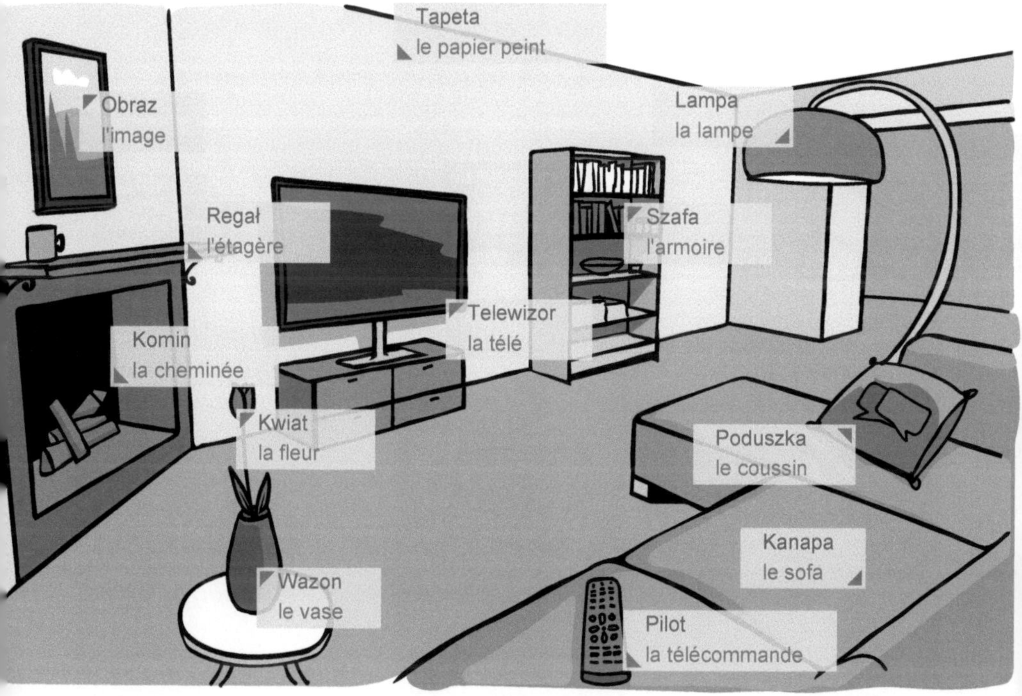
Tapeta
le papier peint
Obraz
l'image
Lampa
la lampe
Regał
l'étagère
Szafa
l'armoire
Telewizor
la télé
Komin
la cheminée
Kwiat
la fleur
Poduszka
le coussin
Kanapa
le sofa
Wazon
le vase
Pilot
la télécommande

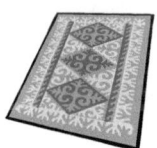

Dywan

le tapis

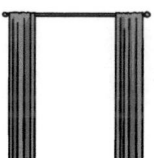

Zasłona

le rideau

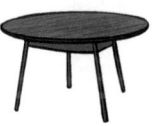

Stół

la table

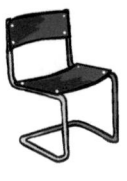

Krzesło

la chaise

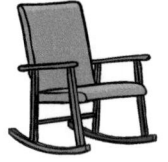

Bujak

la chaise à bascule

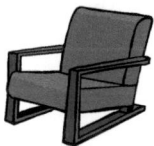

Fotel

le fauteuil

Książka

le livre

Sufit

la couverture

Dekoracja

la décoration

Drewno kominkowe

le bois de chauffage

Film

le film

Instalacja stereo

la chaîne hi-fi

Klucz

la clé

Gazeta

le journal

Malunek

la peinture

Plakat

le poster

Radio

la radio

Notatnik

le bloc-notes

Odkurzacz

l'aspirateur

Kaktus

le cactus

Świeczka

la bougie

Kuchnia
la cuisine

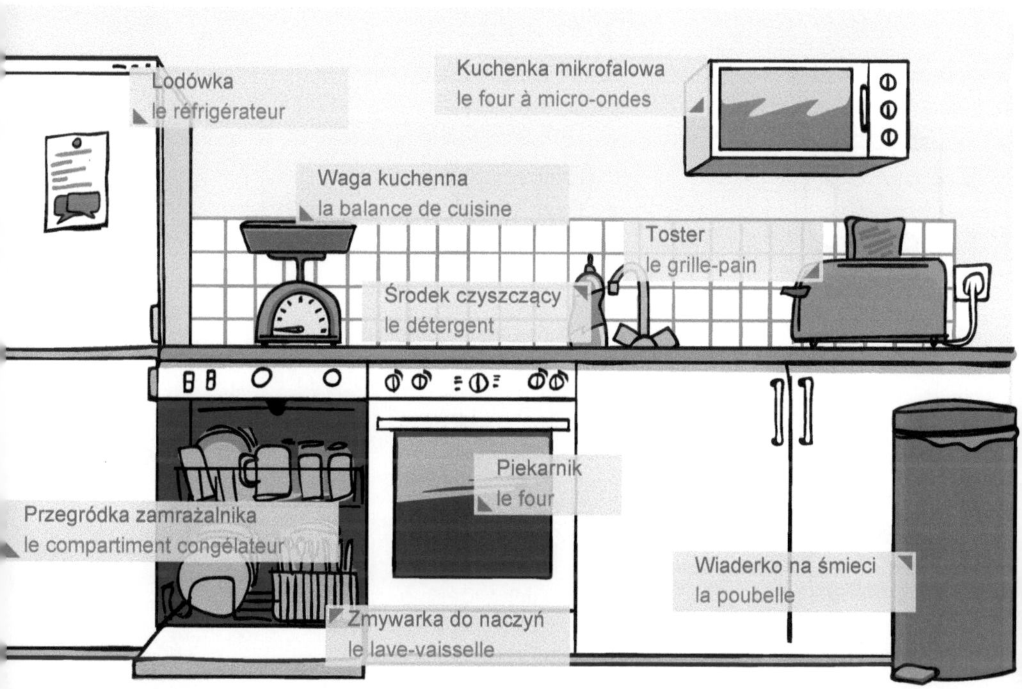

Lodówka
le réfrigérateur
Kuchenka mikrofalowa
le four à micro-ondes
Waga kuchenna
la balance de cuisine
Toster
le grille-pain
Środek czyszczący
le détergent
Piekarnik
le four
Przegródka zamrażalnika
le compartiment congélateur
Wiaderko na śmieci
la poubelle
Zmywarka do naczyń
le lave-vaisselle

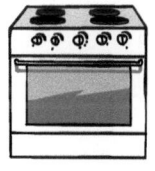

Kuchenka

le four

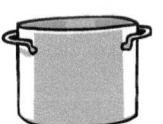

Garnek

la casserole

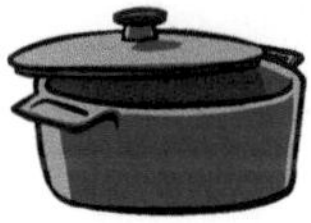

Kocioł żeliwny

la marmite

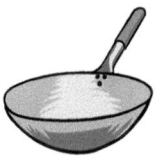

Wok / Kadai

le wok / kadai

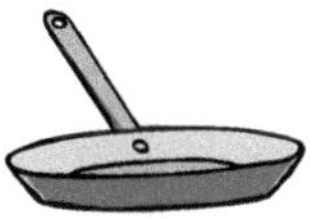

Patelnia

la poêle

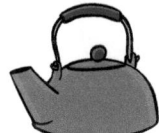

Czajnik

la bouilloire electrique

Parowar

le cuiseur vapeur

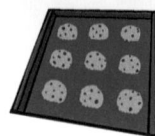

Blacha do pieczenia

la plaque de cuisson

Naczynia kuchenne

la vaisselle

Kubek

le gobelet

Miska

la coupe

Pałeczki

les baguettes

Nabierka

la louche

Łopatka do smażenia

la spatule

Trzepaczka do śmietany

le fouet

Cedzak

la passoire

Sitko

le tamis

Tarka

la râpe

Moździerz

le mortier

Grillowanie

le barbecue

Palenisko

la cheminée

Deska

la planche à découper

Wałek do ciasta

le rouleau à pâtisserie

Korkociąg

le tire-bouchon

Puszka

la boîte

Otwieracz do puszek

l'ouvre-boîte

Ściereczka do trzymania garnka

les maniques

Umywalka

le lavabo

Szczotka

la brosse

Gąbka

l'éponge

Mikser

le mixeur

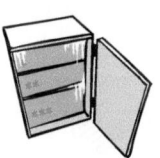

Zamrażarka

le congélateur

Butelka dla niemowlęcia

le biberon

Kran

le robinet

Łazienka

la salle de bain

Ogrzewanie
le chauffage
Ręcznik
la serviette
Prysznic
la douche
Kotara prysznicowa
le rideau de douche
Płyn do kąpieli
le bain moussant
Wanna kąpielowa
la baignoire
Szklanka
le verre
Pralka
la machine à laver
Kran
le robinet
Kafelki
le carrelage
Nocnik
le pot
Umywalka
le lavabo

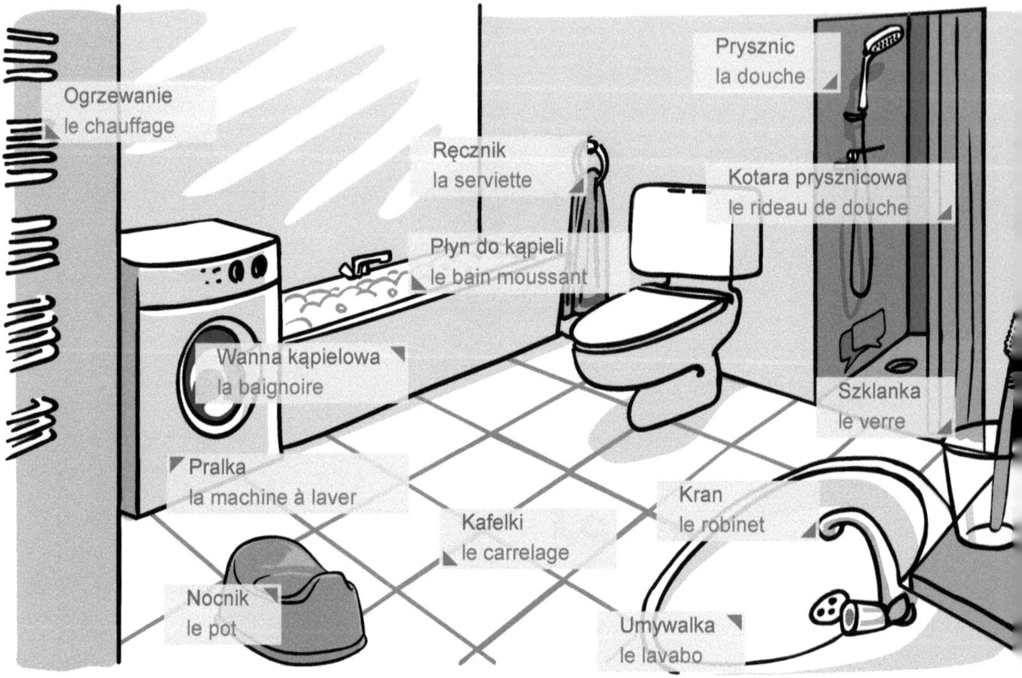

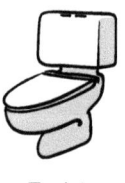

Toaleta

les toilettes

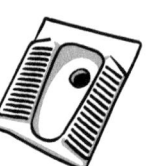

Toaleta kuczna

la toilette à la turque

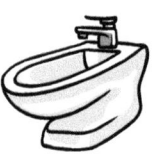

Bidet

le bidet

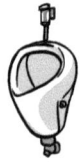

Pisuar

l'urinoir

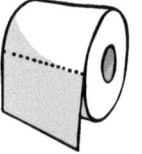

Papier toaletowy

le papier toilette

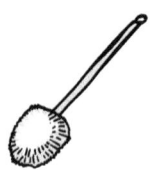

Szczotka toaletowa

la brosse à toilette

Szczoteczka do zębów

la brosse à dents

Pasta do zębów

le dentifrice

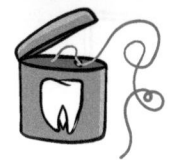

Nitki do czyszczenia zębów

le fil dentaire

myć

laver

Głowica prysznicowa

la douche manuelle

Płyn kąpielowy do higieny intymnej

la douche intime

Miska do mycia

la vasque

Szczotka kąpielowa

la brosse dorsale

Mydło

le savon

Żel prysznicowy

le gel douche

Szampon

le shampooing

Rękawica kąpielowa

le gant de toilette

Odpływ

l'écoulement

Krem

la crème

Dezodorant

le déodorant

Lustro

le miroir

Lustro kosmetyczne

le miroir cosmétique

Golarka

le rasoir

Pianka do golenia

la mousse à raser

Woda po goleniu

l'après-rasage

Grzebień

la peigne

Szczotka

la brosse

Suszarka do włosów

le sèche-cheveux

Spray do włosów

la laque pour cheveux

Makijaż

le fond de teint

Pomadka

le rouge à lèvres

Lakier do paznokci

le vernis à ongles

Wata

l'ouate

Nożyczki do paznokci

le coupe-ongles

Perfum

le parfum

Kosmetyczka

la trousse de toilette

Taboret

le tabouret

Waga

le pèse-personne

Szlafrok kąpielowy

le peignoir

Rękawice gumowe

les gants de nettoyage

Tampon

le tampon

Podpaska damska

es serviettes hygiéniques

Toaleta chemiczna

la toilette chimique

Pokój dziecięcy
la chambre d'enfant

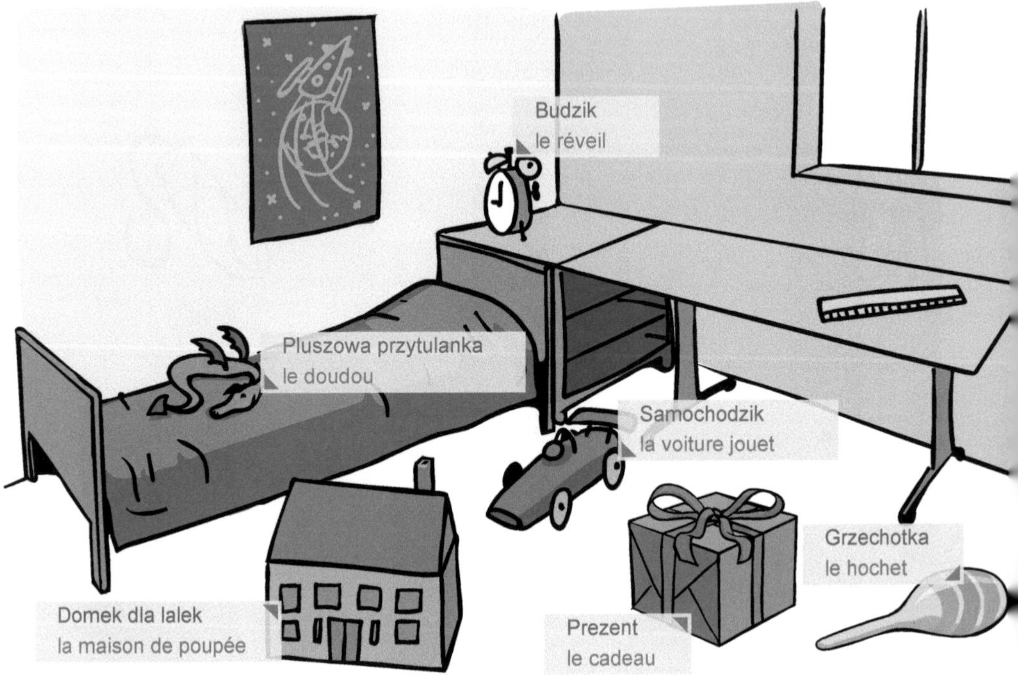
Budzik
le réveil
Pluszowa przytulanka
le doudou
Samochodzik
la voiture jouet
Grzechotka
le hochet
Domek dla lalek
la maison de poupée
Prezent
le cadeau

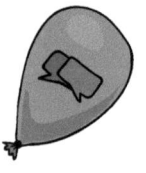

Balon
le ballon

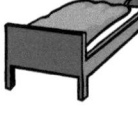

Łóżko
le lit

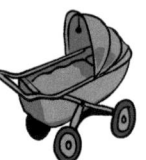

Wózek dziecięcy
la poussette

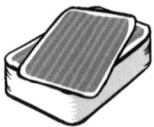

Gra w karty
le jeu de cartes

Puzzle
le puzzle

SUPER
MEGA

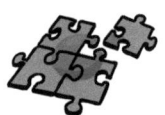

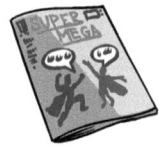

Komiks
la bande dessinée

Klocki lego

les pièces lego

Klocki

les blocs de construction

Action figura

la figurine

Śpioszek dziecięcy

la grenouillère

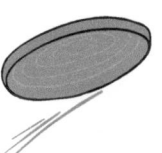

Frisbee

le frisbee

Zabawki ruchome

le mobile

Gra planszowa

le jeu de société

Kości

le dé

Kolejka elektryczna

le train miniature

Smoczek

la sucette

Przyjęcie

la fête

Książka z ilustracjami

le livre d'images

Piłka

la balle

Lalka

la poupée

bawić się

jouer

Piaskownica

le bac à sable

Huśtawka

la balançoire

Zabawki

les jouets

Konsola do gier

la console de jeu

Rowerek trójkołowy

le tricycle

Pluszowy miś

l'ours en peluche

Szafa ubraniowa

l'armoire

Ubiór

les vêtements

Skarpety

les chaussettes

Pończochy

les bas

Rajstopy

le collant

Szal
l'écharpe

Parasol
le parapluie

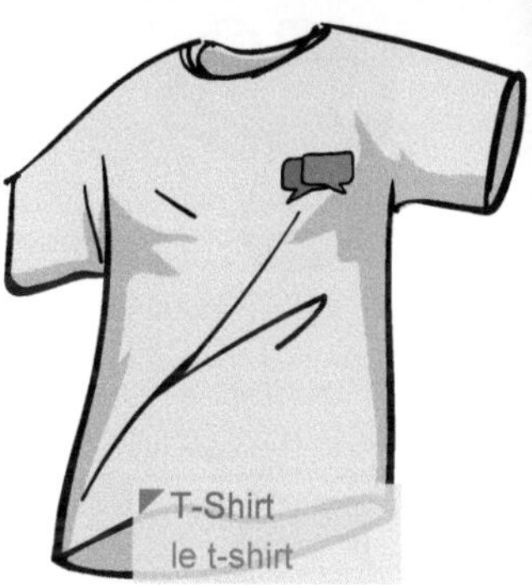

T-Shirt
le t-shirt

Pasek
la ceinture

Kozaki
les bottes

Pantofle domowe
les pantoufles

Obuwie sportowe
les baskets

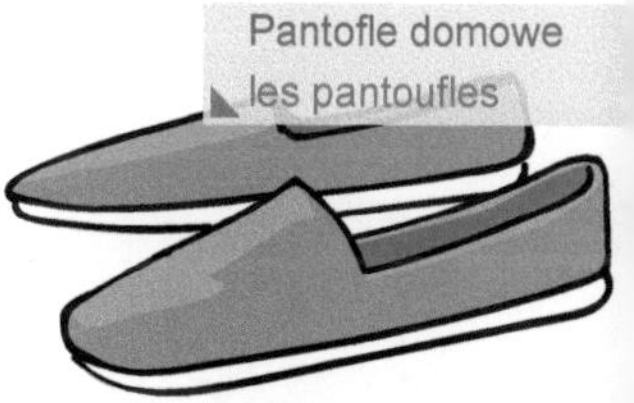

Sandały
....
les sandales

Buty
....
les chaussures

Kalosze
....
les bottes de caoutchouc

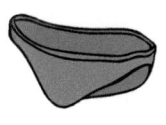

Majtki
....
les sous-vêtements

Biustonosz
....
le soutien-gorge

Podkoszulek
....
le maillot de corps

Body
le body

Spodnie
le pantalon

Dżins
le jean

Spódnica
la jupe

Bluzka
le chemisier

Koszula
la chemise

Pulower
le pull

Bluza sportowa
le sweat à capuche

Marynarka
la veste

Kurtka
la veste

Płaszcz
le manteau

Płaszcz przeciwdeszczowy
l'imperméable

Kostium
le costume

Sukienka
la robe

Suknia ślubna
la robe de mariée

Garnitur męski

le costume

Koszula nocna

la chemise de nuit

Piżama

le pyjama

Sari

le sari

Chusta na głowę

le foulard

Turban

le turban

Burka

la burqa

Kaftan

le caftan

Abaya

l'abaya

Strój kąpielowy

le maillot de bain

Kąpielówki

le maillot de bain

Krótkie spodnie

le short

Dres sportowy

la tenue d'entraînement

Fartuch

le tablier

Rękawiczki

les gants

Guzik

le bouton

Okulary

les lunettes

Bransoletka

le bracelet

Łańcuszek

le collier

Pierścionek

la bague

Kolczyk

la boucle d'oreille

Czapka

le bonnet

Wieszak

le cintre

Kapelusz

le chapeau

Krawat

la cravate

Zamek błyskawiczny

la fermeture éclair

Kask

le casque

Szelki

les bretelles

Mundurek szkolny

l'uniforme scolaire

Mundur

l'uniforme

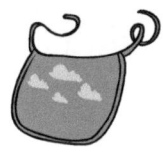

Śliniaczek

le bavoir

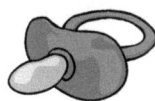

Smoczek

la sucette

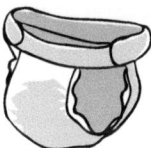

Pieluszka

la lange

Biuro
le bureau

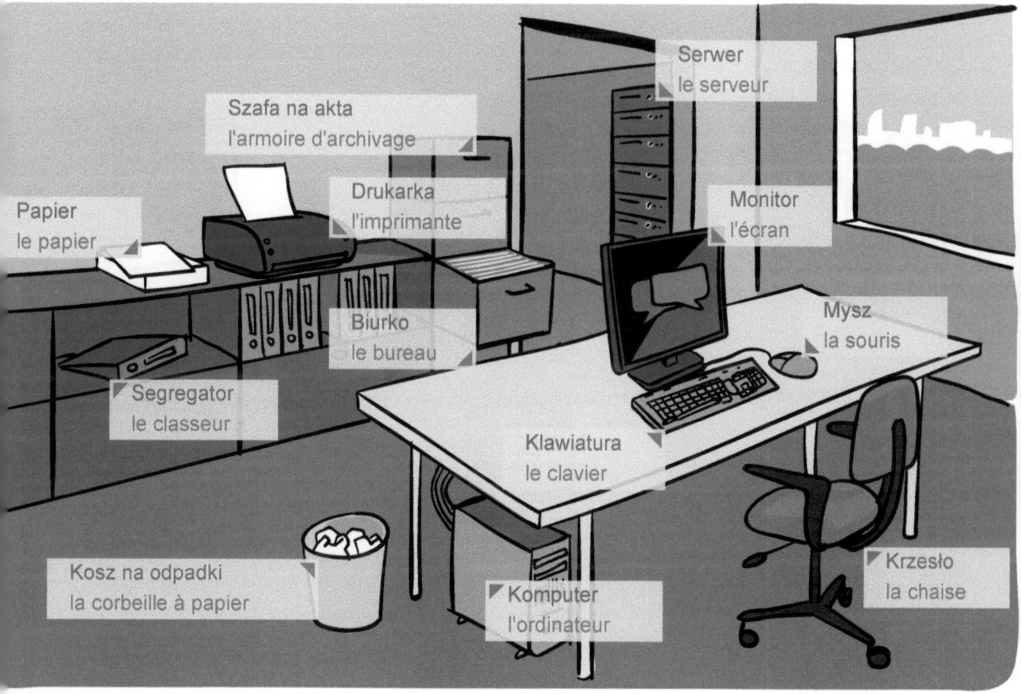

Serwer
le serveur
Szafa na akta
l'armoire d'archivage
Papier
le papier
Drukarka
l'imprimante
Monitor
l'écran
Mysz
la souris
Biurko
le bureau
Segregator
le classeur
Klawiatura
le clavier
Kosz na odpadki
la corbeille à papier
Krzesło
la chaise
Komputer
l'ordinateur

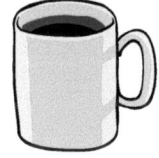

Filiżanka do kawy

la tasse de café

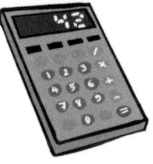

Kalkulator

la calculatrice

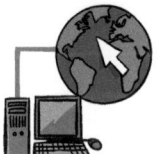

Internet

l'internet

Laptop

l'ordinateur portable

List

la lettre

Wiadomość

le message

Komórka

le portable

Sieć

le réseau

Kopiarka

la photocopieuse

Oprogramowanie

le logiciel

Telefon

le téléphone

Gniazdko

la prise

Faks

le fax

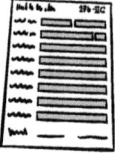

Formularz

le formulaire

Dokument

le document

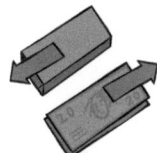

kupić

acheter

płacić

payer

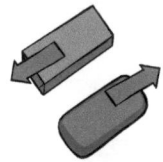

postępować

faire du commerce

Pieniądze

la monnaie

Dolar

le dollar

Euro

l'euro

Jen

le yen

Rubel

le rouble

Frank

le franc suisse

Juan Renminbi

le renminbi yuan

Rupia

la roupie

Bankomat

le distributeur automatique

Kantor wymiany walut

le bureau de change

Złoto

l'or

Srebro

l'argent

Olej

le pétrole

Energia

l'énergie

Cena

le prix

Umowa

le contrat

Podatek

la taxe

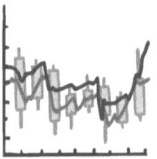

Akcja

l'action

pracować

travailler

Pracownik umysłowy

l'employé

Pracodawca

l'employeur

Fabryka

l'usine

Sklep

le magasin

Zawody
les professions

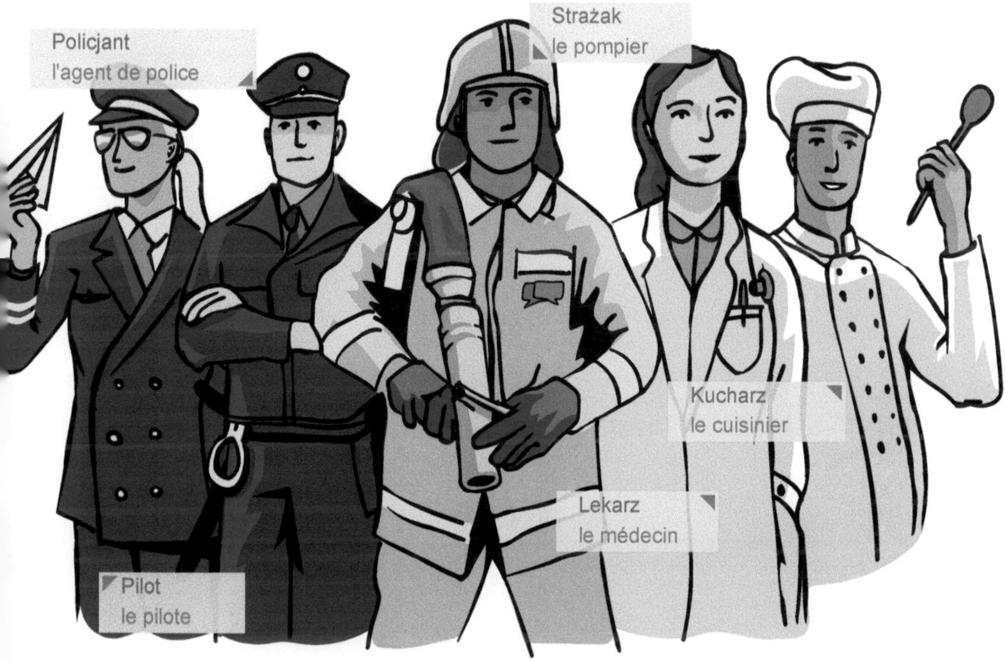

Strażak
le pompier
Policjant
l'agent de police
Kucharz
le cuisinier
Lekarz
le médecin
Pilot
le pilote

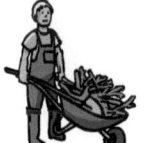

Ogrodnik

le jardinier

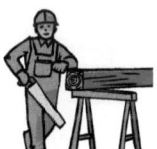

Stolarz

le menuisier

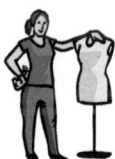

Krawcowa

la couturière

Sędzia

le juge

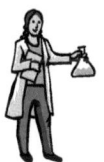

Chemik

le chimiste

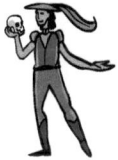

Aktor

l'acteur

Kierowca autobusu

le conducteur de bus

Taksówkarz

le chauffeur de taxi

Fischer

le pêcheur

Sprzątaczka

la femme de ménage

Dekarz

le couvreur

Kelner

le serveur

Myśliwy

le chasseur

Malarz

le peintre

Piekarz

le boulanger

Elektryk

l'électricien

Robotnik budowlany

l'ouvrier

Inżynier

l'ingénieur

Rzeźnik

le boucher

Instalator

le plombier

Listonosz

le facteur

Żołnierz

le soldat

Architekt

l'architecte

Kasjer

le caissier

Florysta

le fleuriste

Fryzjer

le coiffeur

Konduktor

le contrôleur

Mechanik

le mécanicien

Kapitan

le capitaine

Dentysta

le dentiste

Naukowiec

le scientifique

Rabin

le rabbin

Imam

l'imam

Mnich

le moine

Proboszcz

le prêtre

Narzędzia
les outils

Szczypce
les pinces
Młotek
le marteau
Wkrętak
le tournevis
Latarka
la torche
Klucz do śrub
la clé

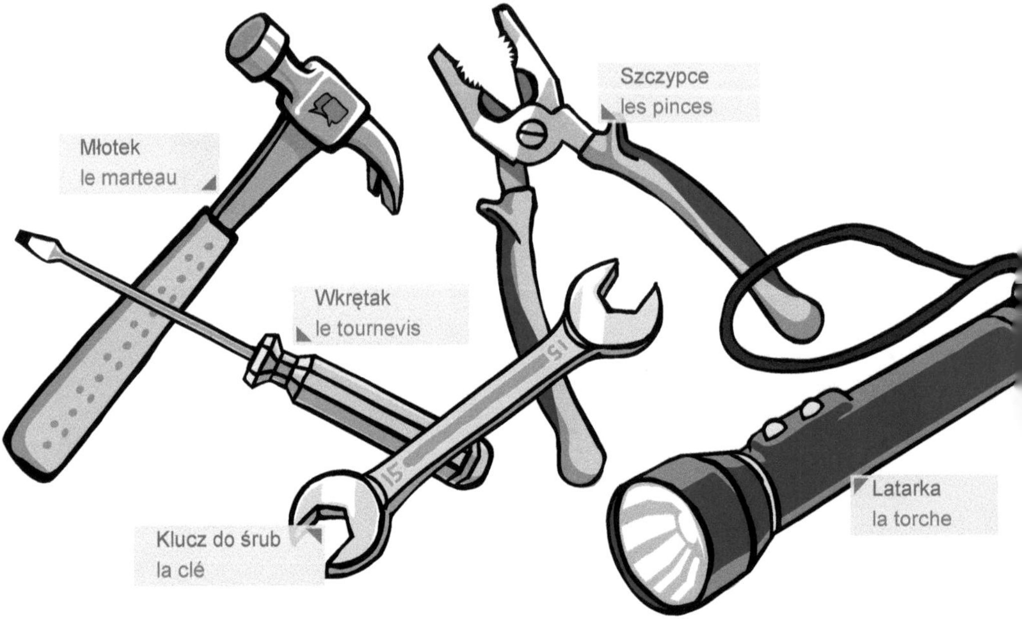

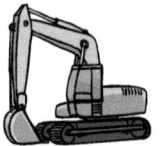

Koparka
....
la pelleteuse

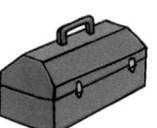

Skrzynka narzędziowa
....
la boîte à outils

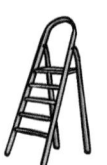

Drabina
....
l'échelle

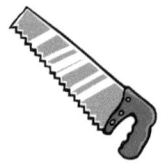

Piła
....
la scie

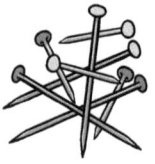

Gwoździe
....
les clous

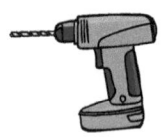

Wiertło
....
la perceuse

naprawić

réparer

Łopatka

la pelle

Cholera!

Mince !

Szufelka

la pelle

Puszka z farbą

le pot de peinture

Śruby

les vis

Instrumenty muzyczne
les instruments de musique

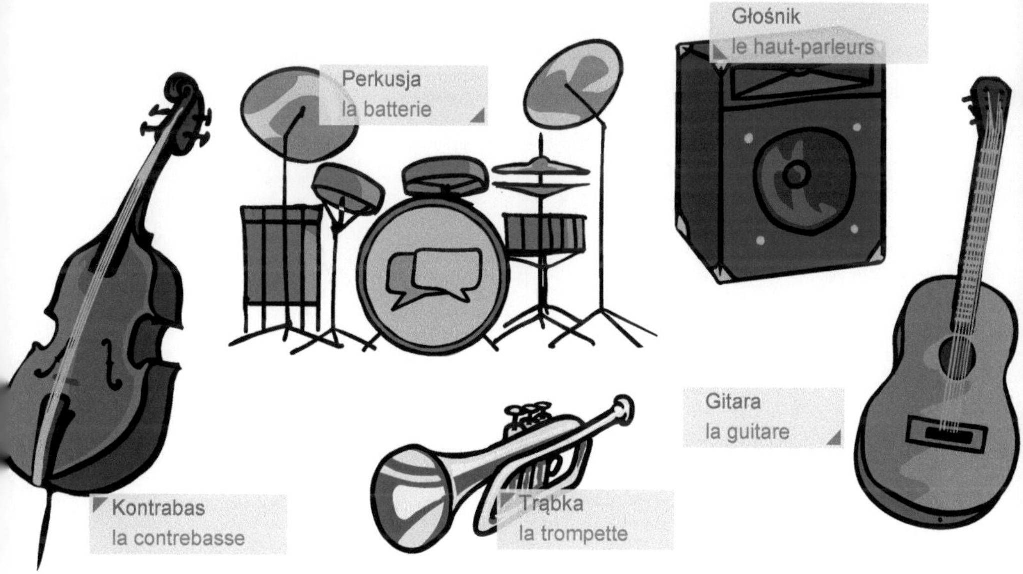

Głośnik
le haut-parleurs

Perkusja
la batterie

Gitara
la guitare

Kontrabas
la contrebasse

Trąbka
la trompette

Pianino

le piano

Skrzypce

le violon

Bas

la basse

Kotły

les timbales

Bęben

le tambour

Keyboard

le piano électrique

Saksofon

le saxophone

Flet

la flûte

Mikrofon

le microphone

Zoo
le zoo

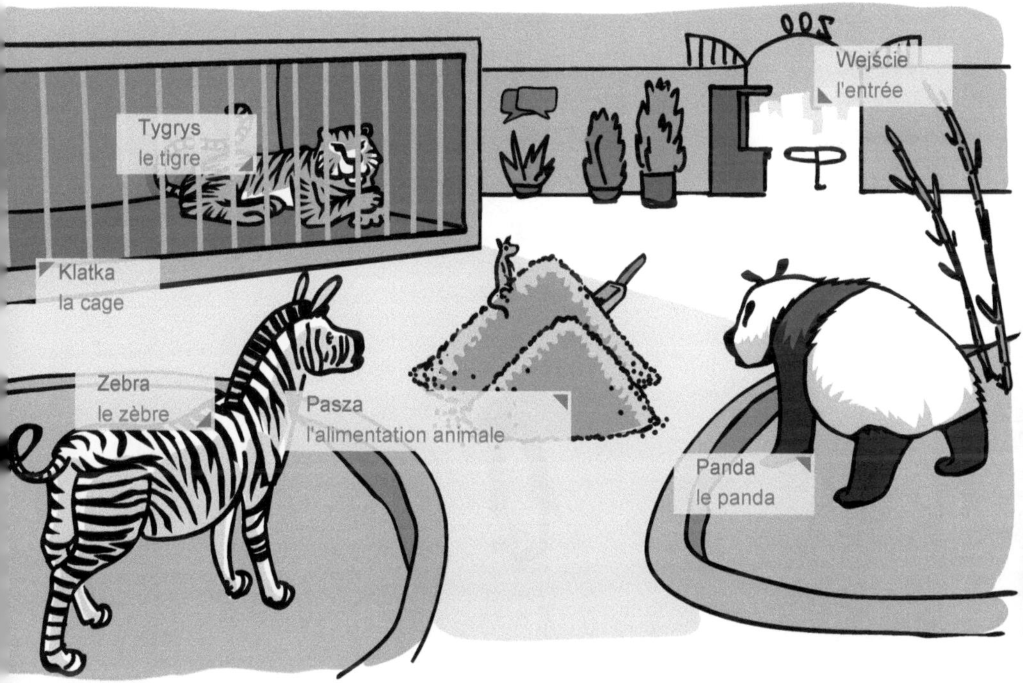

Wejście
l'entrée
Tygrys
le tigre
Klatka
la cage
Zebra
le zèbre
Pasza
l'alimentation animale
Panda
le panda

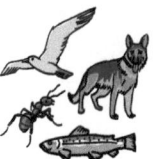

Zwierzęta

les animaux

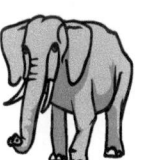

Słoń

l'éléphant

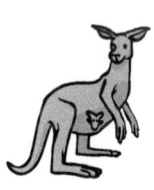

Kangur

le kangourou

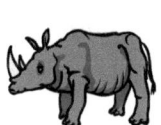

Nosorożec

le rhinocéros

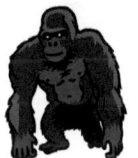

Goryl

le gorille

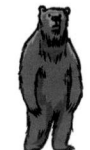

Niedźwiedź

l'ours

Wielbłąd

le chameau

Struś

l'autruche

Lew

le lion

Małpa

le singe

Fleming

le flamand rose

Papuga

le perroquet

Niedźwiedź polarny

l'ours polaire

Pingwin

le pingouin

Rekin

le requin

Paw

le paon

Wąż

le serpent

Krokodyl

le crocodile

Dozorca w zoo

le gardien de zoo

Foka

le phoque

Jaguar

le jaguar

Kucyk

le poney

Gepard

le léopard

Hipopotam

l'hippopotame

Żyrafa

la girafe

Orzeł

l'aigle

Dzik

le sanglier

Ryba

le poisson

Żółw

la tortue

Mors

le morse

Lis

le renard

Gazela

la gazelle

Futbol amerykański
l'american Football

Kolarstwo
le cyclisme

Tenis
le tennis

Koszykówka
le basket-ball

Pływanie
la natation

Boks
la boxe

Hokej na lodzie
le hockey sur glace

Piłka nożna
le football

Badminton
le badminton

Lekka atletyka
l'athlétisme

Piłka ręczna
le handball

Narciarstwo
le ski

Polo
le polo

Działania
les activités

skakać
sauter
objąć
embrasser
śmiać się
rire
iść
marcher
śpiewać
chanter
marzyć
rêver
modlić się
prier
całować
faire la bise

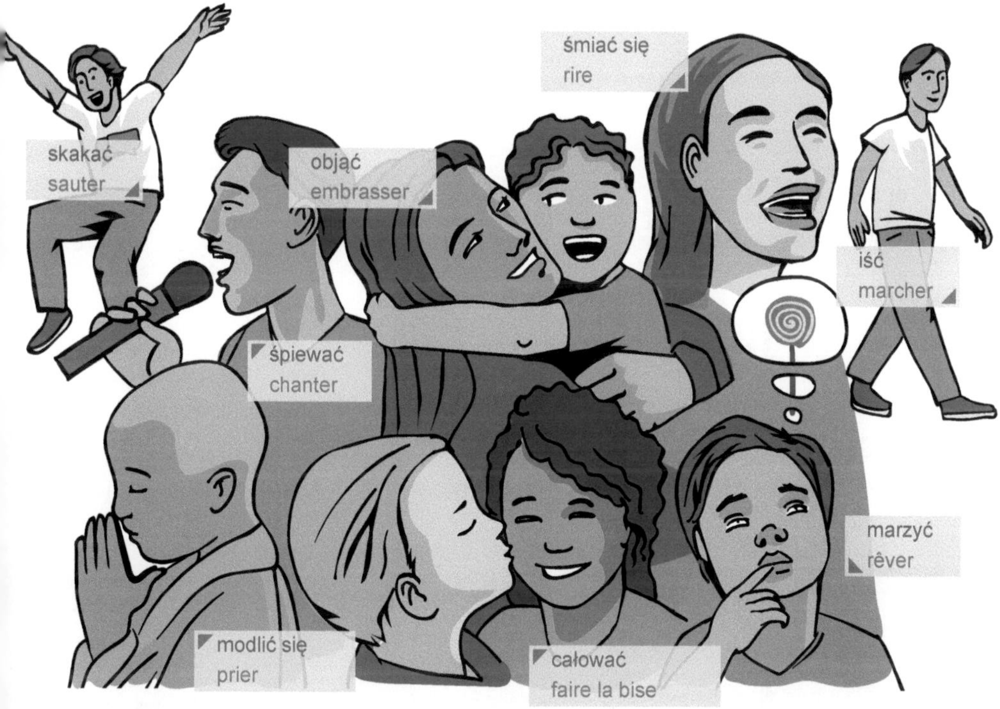

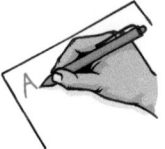

pisać
écrire

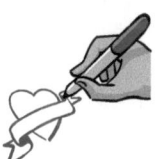

rysować
dessiner

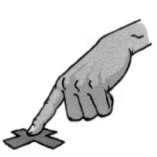

pokazywać
montrer

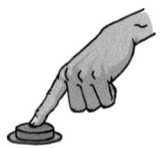

nacisnąć
pousser

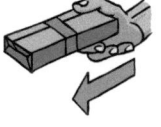

dać
donner

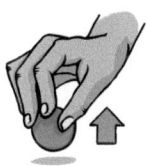

wziąć
prendre

mieć
avoir

robić
faire

być
être

stać
être debout

biegać
courir

ciągnąć
trier

rzucać
jeter

spaść
tomber

leżeć
être couché

czekać
attendre

nosić
porter

siedzieć
être assis

zakładać
s'habiller

spać
dormir

budzić się
se réveiller

spojrzeć
regarder

płakać
pleurer

głaskać
caresser

czesać się
peigner

mówić
parler

rozumieć
comprendre

pytać
demander

słyszeć
écouter

pić
boire

jeść
manger

sprzątać
ranger

kochać
aimer

gotować
cuire

jechać
conduire

latać
voler

żeglować

faire de la voile

liczyć

calculer

czytać

lire

uczyć się

apprendre

pracować

travailler

wejść w związek małżeński

se marier

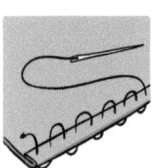

szyć

coudre

myć zęby

brosser les dents

zabić

luer

palić tytoń

fumer

wysłać

envoyer

Rodzina
la famille

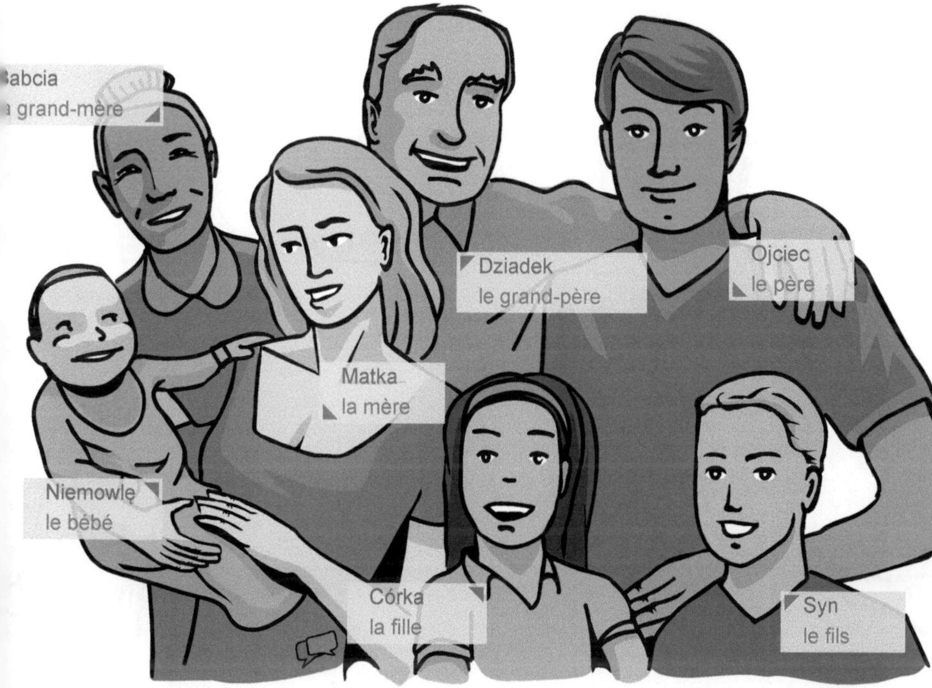
abcia
grand-mère
Dziadek
le grand-père
Ojciec
le père
Matka
la mère
Niemowlę
le bébé
Córka
la fille
Syn
le fils

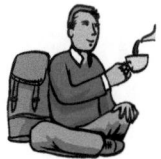

Gość

l'hôte

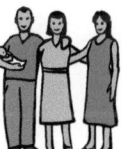

Ciotka

la tante

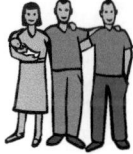

Wujek

l'oncle

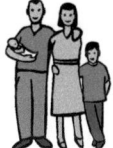

Brat

le frère

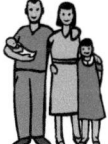

Siostra

la sœur

Ciało

le corps

Czoło
le front
Oko
l'œil
Ramię
l'épaule
Palec
le doigt
Twarz
le visage
Broda
le menton
Ręka
la main
Noga
la jambe
Pierś
la poitrine
Ramię
le bras

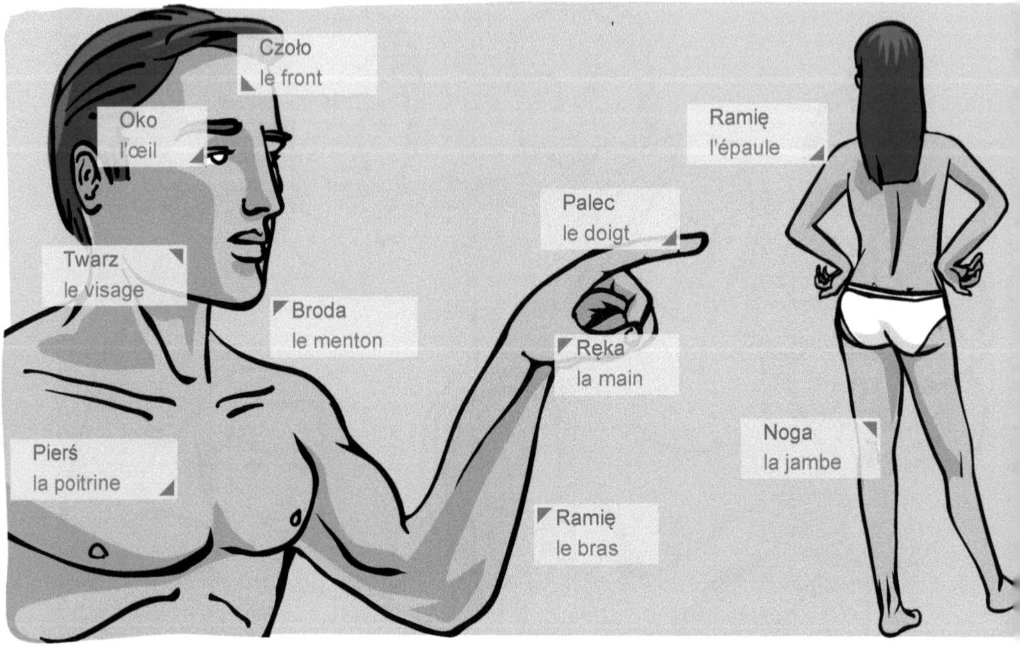

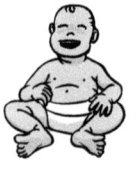

Niemowlę

le bébé

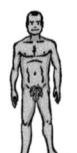

Mężczyzna

l'homme

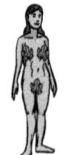

Kobieta

la femme

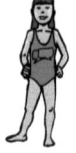

Dziewczyna

la fille

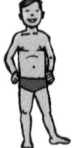

Chłopiec

le garçon

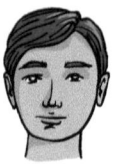

Głowa

la tête

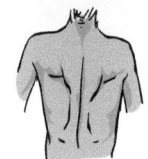

Plecy

le dos

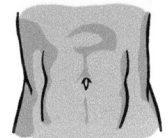

Brzuch

le ventre

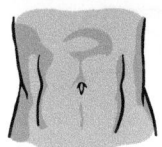

Pępek

le nombril

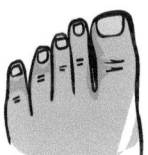

palec nogi

l'orteil

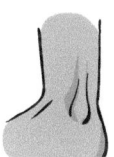

Pięta

le talon

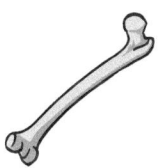

Kość

l'os

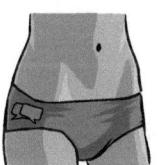

Biodro

la hanche

Kolano

le genou

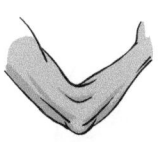

Łokieć

le coude

Nos

le nez

Pośladki

les fesses

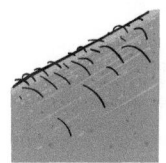

Skóra

la peau

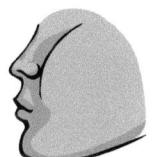

Policzek

la joue

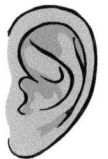

Uszy

l'oreille

Warga

la lèvre

Usta

la bouche

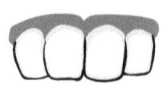

Ząb

la dent

Język

la langue

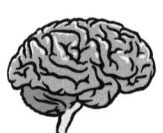

Mózg

le cerveau

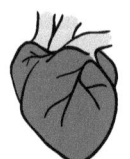

Serce

le cœur

Mięsień

le muscle

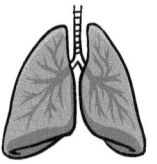

Płuca

les poumons

Wątroba

le foie

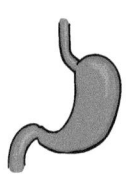

Żołądek

l'estomac

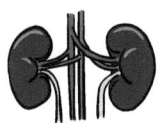

Nerki

les reins

Stosunek płciowy

le rapport sexuel

Kondom

le préservatif

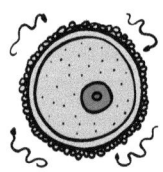

Komórka jajowa

l'ovule

Sperma

le sperme

Ciąża

la grossesse

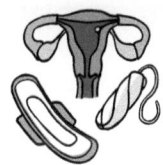

Menstruacja

la menstruation

Wagina

le vagin

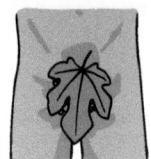

Penis

le pénis

Brew

le sourcil

Włosy

les cheveux

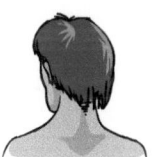

Szyja

le cou

Szpital
l'hôpital

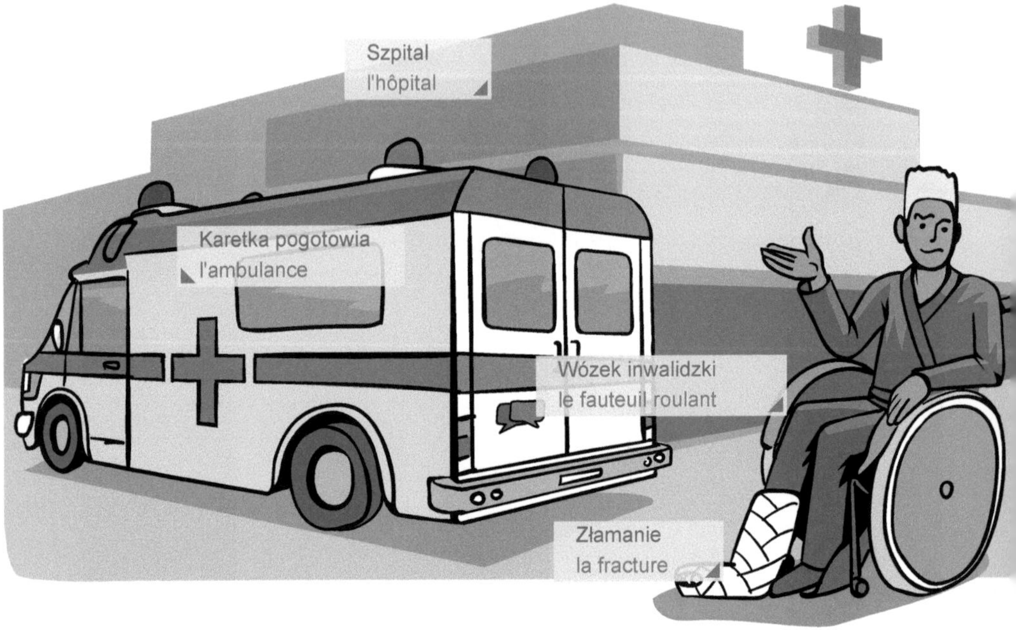

Szpital
l'hôpital
Karetka pogotowia
l'ambulance
Wózek inwalidzki
le fauteuil roulant
Złamanie
la fracture

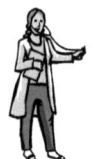

Lekarz

le médecin

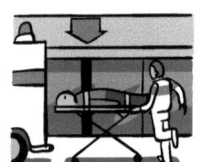

Izba przyjęć

le service des urgences

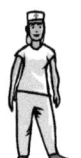

Pielęgniarka

l'infirmière

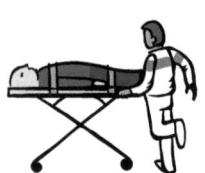

Nagły przypadek

l'urgence

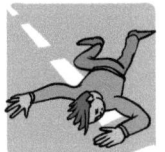

nieprzytomny

inconscient

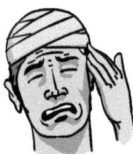

Ból

la douleur

Skaleczenie

la blessure

Krwawienie

l'hémorragie

Zawał serca

la crise cardiaque

Udar mózgu

l'attaque cérébrale

Alergia

l'allergie

Kaszleć

la toux

Gorączka

la fièvre

Grypa

la grippe

Biegunka

la diarrhée

Ból głowy

le mal de tête

Rak

le cancer

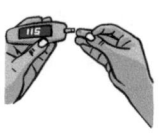

Cukrzyca

le diabète

Chirurg

le chirurgien

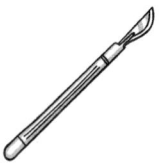

Skalpel

le scalpel

Operacja

l'opération

CT

le CT

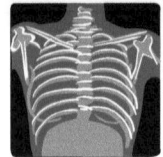

Rentgen

la radiographie

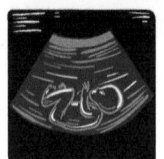

Ultradźwięki

l'échographie

Maska

le masque

Choroba

la maladie

Poczekalnia

la salle d'attente

Kula

la béquille

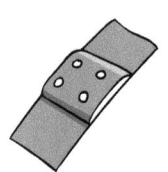

Plaster

le pansement

Opatrunek

le pansement

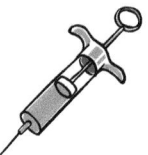

Iniekcja

l'injection

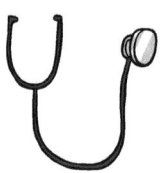

Stetoskop

le stéthoscope

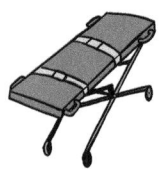

Nosze

le brancard

Termometr

le thermomètre

Poród

l'accouchement

Nadwaga

la surcharge pondérale

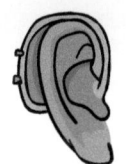

Aparat słuchowy

l'appareil auditif

Środek dezynfekcyjny

le désinfectant

Infekcja

l'infection

Wirus

le virus

HIV / AIDS

le VIH / le sida

Medycyna

le médicament

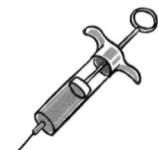

Szczepienie

la vaccination

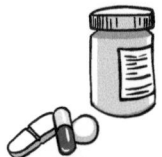

Tabletki

les comprimés

Pigułka

la pilule

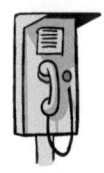

Telefon ratunkowy

l'appel d'urgence

Ciśnieniomierz krwi

le tensiomètre

chory / zdrowy

malade / sain

Pomocy! Au secours !	 Alarm l'alarme	 Napad l'assaut
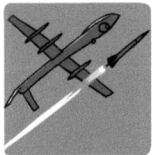 Atak l'attaque	 Niebezpieczeństwo le danger	 Wyjście awaryjne la sortie de secours
Pożar! Au feu!	 Gaśnica l'extincteur	 Wypadek l'accident
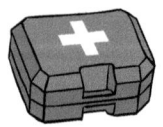 Walizeczka pierwszej pomocy la trousse de premier secours	 SOS SOS	 Policja la police

Europa

l'Europe

Ameryka Północna

l'Amérique du Nord

Ameryka Południowa

l'Amérique du Sud

Afryka

l'Afrique

Azja

l'Asie

Australia

l'Australie

Atlantyk

l'Océan atlantique

Pacyfik

l'Océan pacifique

Ocean Indyjski

l'Océan indien

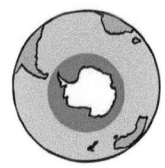

Ocean Antarktyczny

l'Océan antarctique

Ocean Arktyczny

l'Océan arctique

Biegun północny

le Pôle nord

Biegun południowy

le Pôle sud

Antarktyda

l'Antarctique

Ziemia

la terre

Kraj

le pays

Morze

la mer

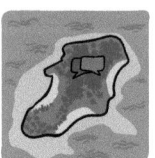

Wyspa

l'île

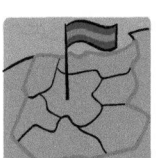

Naród

la nation

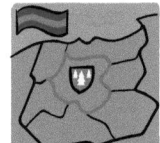

Państwo

l'état

Cyferblat

le cadran

Wskazówka godzinowa

l'aiguille des heures

Wskazówka minutowa

l'aiguille des minutes

Wskazówka sekundowa

l'aiguille des secondes

Która godzina?

Quelle heure est-il ?

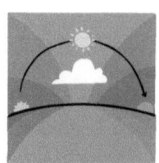

Dzień

le jour

Czas

le temps

teraz

maintenant

Zegarek digitalny

la montre digitale

Minuta

la minute

Godzina

l'heure

Tydzień
la semaine

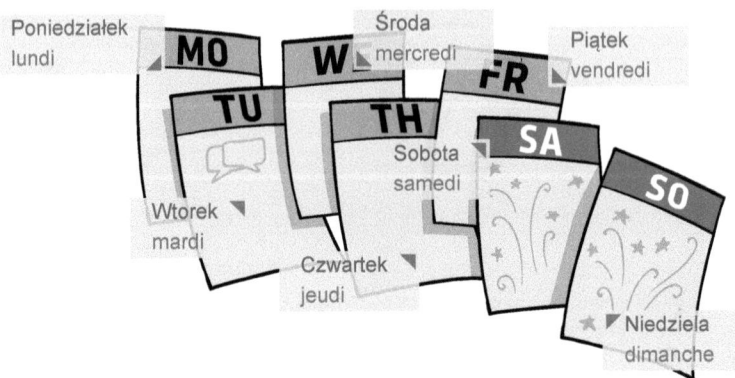

Poniedziałek
lundi

Środa
mercredi

Piątek
vendredi

Wtorek
mardi

Sobota
samedi

Czwartek
jeudi

Niedziela
dimanche

wczoraj

hier

dzisiaj

aujourd'hui

jutro

demain

Rano

le matin

Południe

le midi

Wieczór

le soir

Dni robocze

les jours ouvrables

Weekend

le week-end

Rok

l'année

Deszcz
la pluie
Tęcza
l'arc-en-ciel
Śnieg
la neige
Wiatr
le vent
Wiosna
le printemps
Jesień
l'automne
Lato
l'été
Zima
l'hiver

4.APRIL 11°
5.APRIL 4°
6.APRIL 13°
7.APRIL 8°
8.APRIL 10°

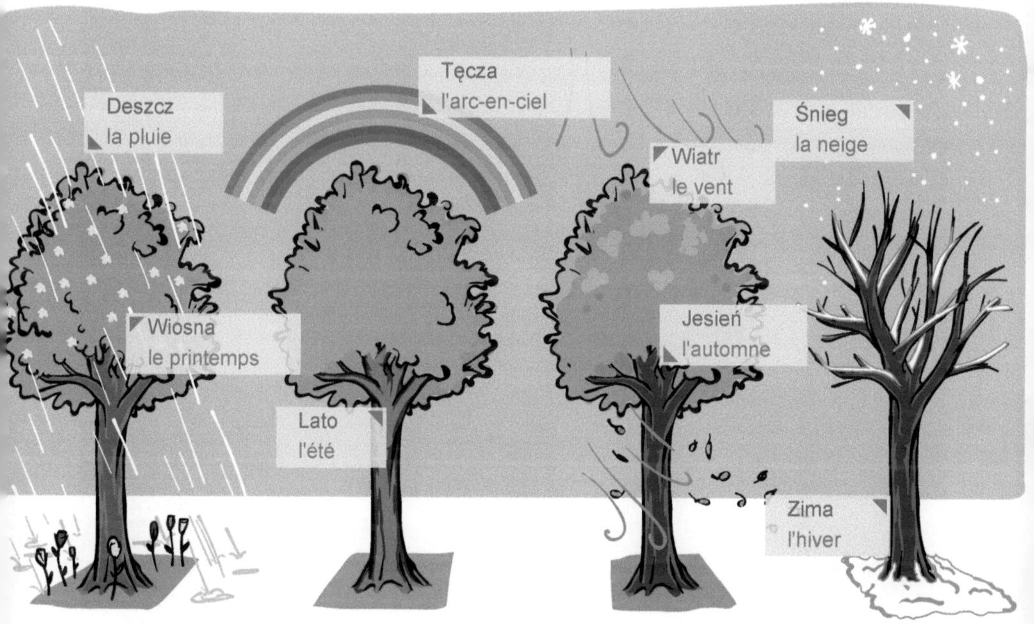

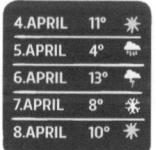

Prognoza pogody

la météo

F
C
120
90
60
30
0
-30
40
30
20
10
0
-10
-20

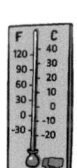

Termometr

le thermomètre

Światło słoneczne

la lumière du soleil

Chmura

le nuage

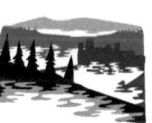

Mgła

le brouillard

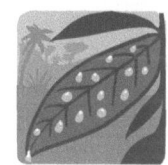

Wilgotność powietrza

l'humidité

Błyskawica

la foudre

Grzmot

la tonnerre

Sztorm

la tempête

Grad

la grêle

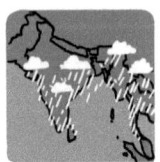

Monsun

la mousson

Potop

l'inondation

Lód

la glace

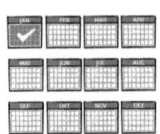

Styczeń

janvier

Luty

février

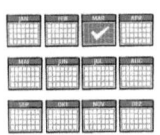

Marzec

mars

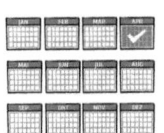

Kwiecień

avril

Maj

mai

Czerwiec

juin

Lipiec

juillet

Sierpień

août

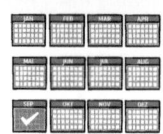

Wrzesień
....
septembre

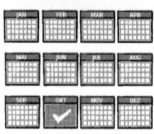

Październik
....
octobre

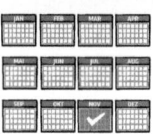

Listopad
....
novembre

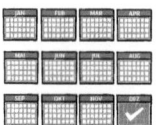

Grudzień
....
décembre

Kształty
les formes

Koło
....
le cercle

Kwadrat
....
le carré

Prostokąt
....
le rectangle

Trójkąt
....
le triangle

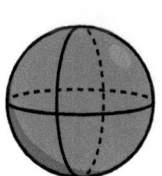

Kula
....
la sphère

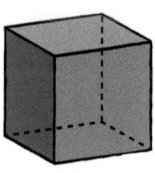

Sześcian
....
le cube

biały
....
blanc

żółty
....
jaune

pomarańczowy
....
orange

różowy
....
rose

czerwony
....
rouge

liliowy
....
violet

niebieski
....
bleu

zielony
....
vert

brązowy
....
marron

szary
....
gris

czarny
....
noir

dużo / mało

beaucoup / peu

wściekły / spokojny

fâché / calme

piękny / brzydki

joli / laid

początek / koniec

le début / la fin

duży / mały

grand / petit

jasny / ciemny

clair / obscure

brat / siostra

frère / soeur

czysty / brudny

propre / sale

kompletny / niekompletny

complet / incomplet

dzień / noc

le jour / la nuit

umarły / żywy

mort / vivant

szeroki / wąski

large / étroit

jadalny / niejadalny

comestible / incomestible

zły / uprzejmy

méchant / gentil

podniecony / znudzony

excité / ennuyé

gruby / chudy

gros / mince

najpierw / na końcu

le premier / le dernier

przyjaciel / wróg

l'ami / l'ennemi

pełen / pusty

plein / vide

twardy / miękki

dur / souple

ciężki / lekki

lourd / léger

głód / pragnienie

faim / soif

chory / zdrowy

malade / sain

nielegalny / legalny

illégal / légal

inteligentny / głupi

intelligent / stupide

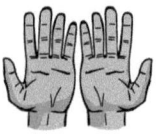

lewo / prawo

gauche / droite

bliski / daleki

proche / loin

nowy / używany

nouveau / usé

nic / coś

rien / quelque chose

stary / młody

vieux / jeune

włącz / wyłącz

marche / arrêt

otwarty / zamknięty

ouvert / fermé

cichy / głośny

faible / fort

bogaty / biedny

riche / pauvre

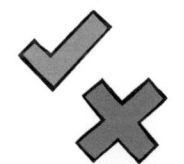

prawidłowy / błędny

correct / incorrect

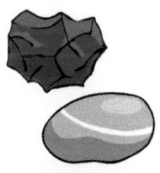

chropowaty / gładki

rugueux / lisse

smutny / szczęśliwy

triste / heureux

krótki / długi

court / long

powolny / szybki

lent / rapide

mokry/suchy

mouillé / sec

ciepły / chłodny

chaud / froid

wojna / pokój

la guerre / la paix

les nombres

0

zero
zéro

1

jeden
un / une

2

dwa
deux

3

trzy
trois

4

cztery
quatre

5

pięć
cinq

6

sześć
six

7

siedem
sept

8

osiem
huit

9

dziewięć
neuf

10

dziesięć
dix

11

jedenaście
onze

12

dwanaście
douze

13

trzynaście
treize

14

czternaście
quatorze

15

piętnaście
quinze

16

szesnaście
seize

17

siedemnaście
dix-sept

18

osiemnaście
dix-huit

19

dziewiętnaście
dix-neuf

20

dwadzieścia
vingt

100

sto
cent

1.000

tysiąc
mille

1.000.000

milion
le million

Angielski

l'anglais

Angielski amerykański

l'anglais américain

Chiński mandaryński

le chinois mandarin

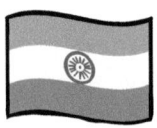

Hindi

le hindi

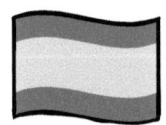

Hiszpański

l'espagnol

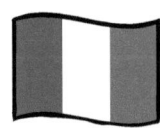

Francuski

le français

Arabski

l'arabe

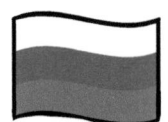

Rosyjski

le russe

Portugalski

le portugais

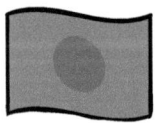

Bengalski

le bengali

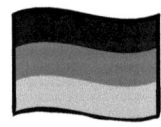

Niemiecki

l'allemand

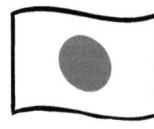

Japoński

le japonais

ja
je

ty
tu

on / ona / ono
il / elle / ce, c', cela

my
nous

wy
vous

oni
ils / elles

kto?
Qui ?

co?
Quoi ?

jak?
Comment ?

gdzie?
Où ?

kiedy?
Quand ?

Nazwisko
le nom

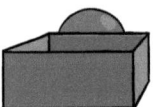

za
....
derrière

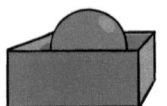

w
....
dans

przed
....
devant

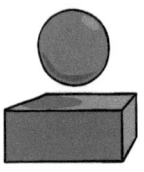

powyżej
....
au-dessus

na
....
sur

pod
....
en-dessous

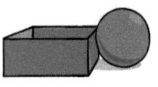

obok
....
à côté de

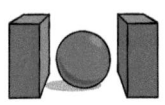

między
....
entre

Miejsce
....
le lieu